맑은 향기 속에서
사총이 깊어지는 날

우미자 드림

얼음꽃 사랑

시산맥 시혼시인선 040

얼음꽃 사랑

시산맥 시혼 040

초판 1쇄 인쇄 | 2024년 05월 03일
초판 1쇄 발행 | 2024년 05월 10일

지은이 우미자
펴낸이 문정영
펴낸곳 시산맥사
편집주간 김필영
편집위원 신정민 최연수
등록번호 제300-2013-12호
등록일자 2009년 4월 15일
주소 03131 서울특별시 종로구 율곡로 6길 36. 월드오피스텔 1102호
전화 02-764-8722, 010-8894-8722
전자우편 poemmtss@naver.com
시산맥카페 http://cafe.daum.net/poemmtss

ISBN 979-11-6243-468-0 03810 (종이책)
ISBN 979-11-6243-469-7 05810 (전자책)

값 12,000원

* 이 책은 전부 또는 일부 내용을 재사용하려면 반드시 저작권자와 시산맥사의 동의를 받아야 합니다.
* 이 책은 교보문고와 연계하여 전자북으로 발간되었습니다.
* 본문 페이지에서 한 연이 첫 번째 행에서 시작될 때에는 〈 표기를 합니다.
* 저자의 의도에 따라 작품의 보조 동사와 합성 명사는 띄어쓰기가 달라질 수 있습니다.

얼음꽃 사랑

우미자 시집

| 시인의 말 |

 첫 시집을 출간하던 감격이 엊그제 같았는데 어느새 30여 년이 흘렀다. 다섯 번째 시집을 늦게야 묶는다. 긴 세월 나를 기다려준 시, 시를 기다린 나. 고통의 시간을 통과할 수 있도록 기다려주며 기쁨의 시간도 함께 건너와 오늘까지 나를 살게 한 나의 시혼에 경배한다.

 아침마다 창을 열면 언제나 저 멀리 보이는 모악산母岳山의 능선, 그 유장한 어깨에게도 감사한다. 새벽녘 푸른 이내에 잠겨 있는 모습, 노을을 태우며 장렬하게 지는 일몰의 풍경, 계절마다 변하는 산색으로 끝없는 대화를 나눈 골짜기마다의 사랑 너머 사랑, 깊은 침묵 속에서 고요히 저무는 성자聖者 같은 모습은 내 삶을 고요와 명상으로 이끌어 주는 나의 수행처가 되었다. 그래서 모악은 언제나 나를 새롭게 하는 도반이면서 끝없는 경전이었다.

나의 삶에서 가장 빛나는 시간은 시를 읽고 쓰는 시간들이었다. 일모도원日暮途遠이라 했던가, 날은 저무는데 갈 길은 아직 멀다. 다시 행장을 차리고 연푸른 새벽길을 나선다.

언제나 힘이 되어주었던 가족들과 오랜 세월 나의 시를 아끼고 사랑해준 국문과 동기생님들하고도 출간의 기쁨을 함께 나눈다.

2024년 5월
모악을 바라보며

우미자

■ 차 례

1부

저마다 길이 있어	19
벚꽃 그늘에 앉아	20
남천	22
공중그네	24
꽃신	26
백목련 송이들의 푸른 연주법	27
어느 날 그대가 내게로 와	28
능소화	29
금잔화 꽃길	30
네가 오지 않는 동안	32
그리운 해안가	33
2월, 우수雨水	34
라벤더 꽃밭을 지나며	35
덕진역 근처	36
변산 바다, 2월	38
선암사 왕벚꽃	40
불회사佛會寺 동백	42
벚꽃잎 흩날리는 날	43

2부

치자꽃 피던 저녁 — 47
모란의 사랑 — 48
나무가 된 화가 — 50
산비 — 51
매미의 생애 — 52
초복初伏 — 54
모란꽃 한 송이 — 55
등꽃 피는 계절에 — 56
목련 두 그루 — 58
한 마리 산굼새가 되어 — 60
에움길 — 62
남해에서 — 64
금강金剛 도서관 — 66
강물과 새, 꽃과 풀잎에게 묻는다 — 68
부여에 다시 가면 — 70
환삼덩굴 — 72
천왕봉 오르는 길 — 74
저물 무렵 — 77

3부

모과 한 알	81
도반道伴	82
새들의 적막	83
사과나무 사랑	84
다 들어있네	85
내가 올 때까지 기다리라고 말하는 달	86
사랑을 품다	88
백자 항아리	89
만추, 은행나무	90
바다가 그리운 날	92
너머	94
어떤 수행법	96
팡세와 억새	98
슬픔을 오래 삭인 나무	99
곰소항	100
청보라 구절초	102
위봉사 은행나무	104
선운사 꽃무릇	106

4부

부석사 무량수전에서	111
허공에서 이따금	112
시간은 슬픔이기에	113
얼음꽃 사랑	114
눈 내리는 날의 마당재	116
널배 위의 생	118
십장생과 놀다	120
동굴 탐사	122
겨울 직소	124
내 마음을 풍등처럼	126
뒷모습	128
이명정耳鳴亭	130
침묵 경전	132
특별한 독서법	133
고흐의 방	134
십이월의 시	136
천리향	138
풍장風葬	139

■ 해설 | 문정영(시인)   141

1부

저마다 길이 있어

바람에도 길이 있다지
거침없이 흘러가다 길이 막히면
제주 돌담 같은 곳 길이 막히면
현무암 숭숭 뚫린 숨구멍이 길을 터주고
엇놓인 돌담 틈새 그 사이사이로
바람은 제 홀로 길을 찾아간다지

바다에도 길은 있다지
바닷가 유채꽃밭 노오란 들판
한적한 날들의 평화 속에도
불현듯, 삼킬 듯한 파도가 밀려오면은
파도와 해일과 한 몸이 되었다가
너울마다 이랑마다 숨을 골라서
다시 푸르고 잔잔한 길을 내가며
수평선 멀리멀리 찾아간다지

바람에도, 바다에도, 생의 모퉁이에도
막힐 듯, 막혀버린 듯 앞이 캄캄 보이지 않는 듯해도
저마다 길이 있어 종래는 다시 살아 나아간다지

벚꽃 그늘에 앉아

내가 처음 벚꽃을 보았을 때
세상에는 이렇게 희고 맑고 순결한
꽃도 있구나 생각했지요
그 꽃잎 속으로 한없이 걸어 들어가면
천상의 세계를 만날 것 같았지요
그러나 지상의 벚꽃 그늘에 앉아
그 꽃잎들 어깨에 받으며
바람 불어 낭창낭창 꽃가지도 휘어지는
그쪽으로 삶을 따라갔지요

내가 처음 그 사람 만났을 때
세상에는 저리도 희고 맑고 순결한
벚꽃 같은 사람도 있구나 생각했지요
벚꽃 길 한없이 걸어가다 보면
생각보다 먼저 마음이 가닿는 사랑*
깊은 뿌리까지 내려가 꽃잎으로 피던 사랑
벚꽃 길 걷다가 가만히 그늘에 앉아
한없이 깊고 순결한 그의 생애를

꽃잎마다 새겨서 내 삶의 화첩으로 만들었지요

* 배한봉의 시 「각인」에서 차용

남천

과분하게도
호를 하나 더 갖는다면
남천南天이라고 부르리라

남천나무숲에 서면
잎들이 성글고
늘 바람이 지나는 듯
깊은 선계仙界에 당도한 듯

겨울로 갈수록
갈필로 붉어지는 잎새들 사이로
알알이 빨간 열매는
흰 눈 속에서 한 생애를 구슬로 꿰는데

새들이 날아와 열매를 쪼아 먹으면
열매 속에 푸른 봄날로 담겨 있는 꽃씨들
새들의 맑은 눈망울 속에 흐르다가

수묵화 빈 내 하늘에

그 여린 발로 점점이 낙관을 찍으며
새 떼들, 먼 남천으로 날아가리라

공중그네

공중그네를 타본 사람은 알지
잡고 있던 그네를 놓아야
다음 그네가 온다는 것을
차안此岸에서 피안彼岸으로 가듯
까마득한 벼랑길도
두 손을 다 놓아야 건너갈 수 있네

수천만 번의 곡예, 고개를 넘어야
생의 협곡을 단번에 뛰어넘듯이
단숨에 놓지 않으면 잡을 수 없네
놓아버린 찰나가 최고의 절정이네
비로소 한 점 허공이 되네

발아래 펼쳐지는 환幻 같은 세상
눈물 속에 불타오르는 가시나무숲도 지나가고
새 울음 속 향기로운 장미꽃밭도 지나가네
이 순간 내 몸은 허공과 하나가 되어
아슬아슬 무한천공 무지개로 펼쳐지네
〈

허공을 건너본 사람은 알지
천 길, 나락那落으로 떨어질 듯 날아올라
천지간의 바람 속에 온몸을 맡기면
영혼의 갈피마다 스며드는
절정의 찰나,
잡은 쪽을 온전히 놓아버려야
또 한세상 눈부시게 건너갈 수 있네

꽃신

엄마 손 잡고 꽃신 사러 가던 길
남천교 그 아래 돌멩이들 반짝이고
시냇물은 어디론가 흘러갔었네
엄마가 사주신 꽃신 한 켤레
세상에서 가장 고운 추석빔이었네
품에 안고 돌아와 장롱 아래 놓아두고
명절날 기다리며 매일매일 설레다가
밤새워 지어주신 숙고사 붉은 치마 끝동 저고리
화사하게 입고 놀던 여섯 살 무렵이었네

이제는 그대 손잡고 남천교 지나가네
한옥마을 골목길 천천히 돌아들면
나지막한 담장 위로 능소화 송이송이
꽃담 아래 채송화도 아기자기 피어 있네
먼 옛날 돌멩이도 꽃잎 되어 피어나네
한지 공예 꽃신 한 켤레, 그대의 선물
꽃당혜 무늬 속에 능소화 채송화
꽃송이, 송이들 주홍분홍 향기롭게 피어나고
시냇물 속에 흘러가 버린 유년의 꽃신

백목련 송이들의 푸른 연주법

통, 통, 통, 통,
흰 새들의 음표는 푸르다
오선지 가지마다 우아하게
날개를 접고 앉아 부르는 봄노래

교회의 붉은 담장을 배경 삼아
깊은 고요 속에서 흘러나오는 연주는
수천 마리 새들이 부르는 성가곡聖歌曲

먼지 가득한 내 마음속
골짜기마다 흘러 내려가
청명절 봄비처럼 청량하게 씻어주고
하늘을 푸르게 물들이다가

짧고 순결한 생애
사순절의 장엄한 주검이듯
나무 아래 꽃잎들 벗어놓은 채
흰 새들, 그 영혼 창공으로 멀리멀리
부활 되어 날아오른다

어느 날 그대가 내게로 와

안개 속을 헤치며 헤치며
어느 날 그대가 내게로 왔네
잡목 숲 넝쿨을 걷어내며 왔네

궂은비 내리는 산구빗길 너덜강을
해진 신발로 에돌아온 그대
온몸에 젖은 빗방울이 빛이 되는
고달픔도 환하게 내게로 왔네

맑은 가을날에는 햇살에 반짝이는 윤슬처럼
먼 강을 밀물쳐 온 그대
그대 눈 속에 수많은 물이랑들이
꽃잎 무늬, 나뭇잎 무늬로 피어나고

어느새 눈사람이 되어버린 그대
마지막 남아 있는 눈꽃 한 잎 날릴 때까지
심장 속엔 따스한 눈물이 고여
어느 폐사지의 석상처럼 고요히 서서
하염없이 사랑으로 흘러내리네

능소화

애잔하여라
가지마다 혼신으로 감겨 올라가
하늘하늘 휘늘어진 꽃부리
그 눈빛 아스라이 먼 곳에 닿아 있네

오를 듯, 떨어질 듯 벼랑 끝에 매달린
능소화 송이, 송이들 바람 속에 그네를 타면

사랑과 환희로움 줄기마다 흘러서
하늘 끝 빈 허공을 붉게 물들이고

떨어져 내려 수북한 지상의 꽃잎들은
화엄, 장엄! 주검마저 향기로워

하늘빛 그리워, 푸른 빛 그리워
피고 지고 피어나
황금주황나비, 나비 떼 되어
훨-훨 천상으로 한없이 날아가네

금잔화 꽃길

새벽마다 걷는
황금빛 꽃물결
바람이 불면 금잔화 꽃은
여뀌들에게 자리를 내어주고
강아지풀에게는 볼을 내어 부벼주네

껄끄러운 환삼덩굴이 뒤엉켜와도
바람에 한들거리며 웃고만 있네
지금 나의 자리가
가장 아름다운 꽃자리라는 듯

언젠가 오래전 교실의 아이들이
온통 저렇듯 꽃물결인 때가 있었지
얼굴마다 금잔화 꽃송이가 되어
환희의 미소로 출렁일 때가 있었지

며칠 새 꽃씨로 여무는 금잔화
단단한 비밀을 여미며
자주색 입술을 다무네

〈
누구도 나의 아름다운 비밀을
엿볼 수 없다는 듯이
생애의 가장 아름다운 날은
길고 긴 기다림 속에 꽃 핀다는 듯이

금잔화 같던 그 아이들 지금쯤
생의 환삼덩굴 뒤엉켜온다 해도
그 꽃잎 같던 시간들
한 올 한 올 풀어내고 있을까
금잔화 꽃씨 속에 숨어 있던
생의 금잔화 꽃잎들 향기롭게 피워내고 있을까

네가 오지 않는 동안

향일암 동백숲, 어느 날이던가
동박새 울음소리 들리지 않아
동백꽃은 수평선만 바라보았지

수많은 새들이 섬을 찾아와
일월의 꽃숲에 머물다 돌아갈 동안
그리운 네 얼굴 보이지 않아
동백의 마음은 수심愁心 깊어지다가

먼 바다 수평선 위로
새 떼들 섬을 떠나 날아갈 때면
벼랑 아래로 선혈처럼
툭, 툭 지고 싶었지만

깊은 뿌리 끝에 숨어 피는 그리움
가지마다 붉은 울음을
송이송이 꽃등으로 매달아
바람 끝 한설寒雪 속에 피우고 있었지
그토록 네가 오지 않는 동안

그리운 해안가

오늘 밤 꿈속에 그 섬에 가리
동백꽃 이미 지고 없어도
내 맘속에 동백 송이 피워 올리며
그리운 해안가 그리며 가리
뒷산의 오솔길 지나 벼랑에 서면
등댓불 외로이 깜박이겠지

오늘 밤 꿈속에 그 섬에 가면
그대 손잡고 함께 걷던 등대길
파도 물결 드높아 사라졌어도
내 맘속의 등대길 길게 놓아서
먼 바다로 끝없이 손잡고 가리
해안가 동백 송이 피워 올리며
해일도 잠재우며 걸어서 가리

2월, 우수雨水

마른 억새 사이로 바람 맞으며 걷는 천변
청둥오리 몇 마리
휘파람소리를 내며 무자맥질하고
몇 마리는 여울목에서 한가롭다

저 잠시의 휴식 안에
일월과 삼월 사이 짧은 섶다리 같은,
생인손 한 마디 잃어버린 듯한
우수憂愁의 2월이 흐른다

멀리 어느 서걱이는 골짜기에서
한 송이 눈석임꽃을 노랗게 피워내고
예까지 흘러왔을 한 줄기 강물
내 마음의 눈雪 녹여내어 우수雨水로 흐른다

바람에 허리 흔들리던 억새들
강물 속에 비친 제 모습 들여다보며
흔들리며 흘러가는 것들도 우리들 삶이라고
가만히 강물에게 속삭여준다

라벤더 꽃밭을 지나며

폴란드에서 헝가리로 넘어가던 국경 지역
수천수백만 라벤더 꽃송이들로
물결치던 그 봄날 천상의 화원

연보랏빛 싱그러움은
지상을 벗어난
초월의 극치였을까

창밖으로 펼쳐진 사랑의 꽃밭은
순간, 내 가슴에 들어와
내 영혼의 모든 죄를 씻어주고
문장 한 줄로 요약해준 고해성사!

부활절에나 성탄절 무렵의 고해소에서도
머뭇머뭇, 사제에게 고백하지 못했던
평생의 죄업을 찰나에 씻어준
폴란드 국경, 그 봄날의
아름다운 라벤더꽃 지상의 화원

덕진역 근처

연둣빛 삼월의 기다림 속에
싱싱한 기적소리를 내며
무지개 꿈을 싣고 기차는
먼 아랫녘에서 달려오고 있었지

유월의 가로수 포플러 잎새들이
은빛으로 반짝이며 하늘거리면
산책길의 사색도 호수만큼 깊어지고

칠팔월의 가시연꽃 한 송이는
내 어둠을 밝혀주는 환한 등불
노을 따라 그 넓은 덕진 연못은
만다라 붉은 화엄밭이 되었지

취향정 청량한 가을밤이면
호수에 노를 저어 시를 저어
밤새워 이백을 따라가다가
바람만 바람만 따라가다가
〈

어디론가 흘러간 세월의 물결 속에
덕진역 근처 포플러나무들도 뽕나무밭도
덧없이 묻혀서 사라졌지만

내 맘속 수많은 갈림길 속에
한 줄기 선명한 새벽길처럼 남아 있는
기적소리 먼 겨울의 덕진역 철길

변산 바다, 2월

바다가 그리워지는 날
변산으로 차를 몰아
바람 모퉁이에서 바라보는 풍경,
면사포 수만 겹이 드리웠다 걷히는 듯
수평선 멀어진 2월의 바다는
신부의 얼굴처럼 은비로웠다

어느 여름날
출렁이던 내 안의 섬을 찾아가다가
뱃길이 끝나버린 모래밭에 누워서
별밤을 새우던 젊은 날의 추억

긴 약속, 굽이굽이 십 년만의 해후
축제처럼 환호하며
눈보라 치던 사랑의 해안선을
달려갔던 겨울날

시간은 말없이 바다의
푸른 홑청 속으로 얼굴을 묻고

〈
돌아보면 섬들은
제 홀로 연무 속, 등대를 찾아
갈매기 날갯짓으로 출렁이는데

백모란 꽃송이들로 피어나는 파도 떼는
면사포 한 겹 한 겹 벗겨내어서
그리운 날들의 이야기들을
한 장章의 바다로 수를 놓는다

선암사 왕벚꽃

어느 해 사월 선암사에 갔었네
동백도 선암매도 떠난 한참 뒤라서
몽울몽울 왕벚꽃 휘늘어진 가지마다
겹 분홍 봄기운 한창이었네

누군가는 선암사의 등 굽은 소나무를 예찬하고
어느 시인은 무우전無憂殿 푸른 전각 한 채*를 기리며
많은 이들 선암매의 지조 높은 향기를 칭송했지만
나는 그 화려하면서도 풍성한 왕벚꽃이 좋았네

영산홍 철쭉마저 내 길 환히 비춰주고
화엄 속을 거니는 듯 꿈을 꾸다가
전각의 호젓한 뒤안길 돌아들면
그 담장 아래까지 흘러내리던 사랑이여!

왕벚꽃 송이송이 그리운 눈매로 바라보다가
조계산 능선으로 눈길 잠시 돌리면
수천수만 그루의 나무들은 저마다 합장하고
그 위로 장엄한 고요

〈
지상과 천상의 고요란 고요는
다 모여와 누워 있는 연초록 그 능선
삼천대천 하나 되어 감도는 적멸,
보궁이 바로 거기 있었네

* 송수권의 시 「조선 매화」에서 인용.

불회사佛會寺 동백

담양 지나 함평 지나 나주를 지나
산문 아래 흩날리는 벚꽃비 맞으며
불회사, 불회사 나 홀로 가네
산신각 돌아 나와 대웅전 뒷산에
동백숲 꽃숲을 만나러 가네
동백꽃 송이마다 붉은 울음이건만
산새들도 오지 않는 사월의 불회사 가네
동백숲 너머 너머 비자나무숲 너머
흰 구름 따라가면 운흥사雲興寺도 나온다지
그윽한 불회사 대웅전 꽃살무늬는
동백숲 그늘보다 더욱 깊은 천년의 사랑꽃
수천수만 뻗어나간 동백 가지枝 내 마음도
꽃살문에 하나씩 심오하게 새기고 싶네
불회사, 불회사 봄날에 가면
초의선사가 따라주는 차 한잔 마시며
앞산 능선 한가롭게 바라보다가
천둥처럼 법고 소리 울려오는 새벽녘
불회의 제단 아래 동백 맑은 향기로
내 삶의 경전 한 줄 붉게 붉게 바치고 싶네

벚꽃잎 흩날리는 날

남녘으로 문상을 간다
벚꽃잎 아직은 가지에 남아 있어
한 잎씩 바람에 흩날리는데
구순을 넘긴 망인에겐 호상이라고
소풍을 가듯, 문상을 간다

나, 언젠가 가는 날도 이렇게
벚꽃잎 하나둘 바람에 흩날리고
봄 하늘 맑아 푸르를까
나, 떠나는 날 이렇듯 가벼운 마음으로
훨훨 날아갈 수 있을까

그곳에 가면
사계절 꽃잎 피어 있는 꽃마을이고
사람들도 모두가 웃음 속에 산다고
벚꽃잎들이 하늘하늘 손 흔들며 배웅해줄까
한 번도 가보지 않은 그 낯선 길
헤매지 말고 잘 가라고
봄날 소풍 가듯 잘 가라고

2부

치자꽃 피던 저녁

보길도에 갔던 어느 여름날
민박집 저물녘 꽃밭에는
치자꽃이 하얗게 피어 있었지
치자향이 그토록 그윽하다는 것을
그날 나는 처음 알았지

그 저녁 그녀는
예송리 해변에 앉아
치자꽃 같은 사랑 이야기를
향기롭게 풀어 놓다가
가녀린 울음 섞어 풀어놓다가

보길도를 떠나오던 날
그녀의 눈물은 치자꽃 되어
보길도 섬 자락 푸른 물결 위에서
한 송이 한 송이 피고 있었지
그 바다 온통 치자꽃밭이 되었지

모란의 사랑

세상에 태어나
한 사람을 사랑하는 일은
천 길 벼랑 위에
꽃 한 송이 피워내는 것보다
더 소중한 일입니다

모란이 다 지고 향기마저 사라지면
천상의 화원에서라도
그 향기 한 줌 얻어와
바람결에 그에게 실려 보내는 일이야말로
진정, 붉은 심장을 보내드리는 일입니다

한 사람을
오래오래 사랑하는 일은
눈물 어린 미소 지으며
들찔레 피멍울진 가시밭길 손잡고 걸어와
하얀 물살 일렁이는 저녁 대야에
고해성사 하듯이 엎디어 두 손으로
그의 지친 발을 매만지며 씻겨주는 일입니다

〈
한 사람을 사랑하다가
묘비명 없는 무덤까지 함께 가는 일은
온 생을 다 바쳐
모란꽃 한 송이 피워내는 일보다
지상에서 가장 향기롭고 아름다운 생입니다

나무가 된 화가

한 그루의
나무를 그리기 위해
그는 나무 앞에 서서
며칠이고 몇 달이고
몇 년이고 바라보다가

그 나무 속으로 들어가
온몸의 수액으로 흐르다가
잎이 되고 꽃이 되고
실핏줄 마디마디 줄기가 되고
깊이 내린 뿌리까지 되었다가

어느 날 그는
그가 그리던
그림 속의 나무였다가
긴 세월 흐른 뒤에
드디어 그는
그림 속에서 걸어 나와
그 나무가 되었다네

산비[*]
- '백석' 풍으로

산뽕잎에 빗방울이 치는 풍경을 그는 보고
나는 그 산뽕잎에 빗방울이 치는 음악을 듣네

멧비둘기 날아가는 산하늘을 그는 보고
나는 멧비둘기 구구구구 설움을 듣네

나무 등걸에서 자벌레 고개를 드는
모습을 가만히 그가 본다면
나는 산비 그친 뒤

산나리꽃 같은 울음을 한 소절씩 피워내며
그리움 남겨둔 채 산 너머로 날아간
멧비둘기 비인 허공을 바라보네

* 백석의 시 「산비」에서 1, 2, 3연의 각 첫 행 인용. '그'는 백석을 말함.

매미의 생애

아직은 날개도 다리도 없던
무명無明의 일월
잠 속에서 긴 긴 인고의 세월을
깊고 깊은 천착의 땅속에서
기다림 하나로 살아내었네

칠 년만의 우화등선羽化登仙!
환희로 날아올라
나무의 메마른 등껍질 뒤에서
한여름의 땡볕 속
고통과 사랑의 맨살 부비며
닳도록 부벼대며 살아내었네

한줄기 소나기처럼
칠 일간의 짧고 맑은 생애!
칠흑 속 수많은 밤들이 아니었다면
푸르른 잎 무성한 느티나무에서
저물도록 혼자 부르는
찬란한 노래도 없었으리니

〈
제 홀로 삭인 울음은
지상의 풀잎마다 모래알마다 스며들어가
온 누리를 적시며 여울처럼 흐르고
벗어놓은 허물마저 아리아리 전생을 기억하듯
나뭇잎 그늘 속, 올올이 무지갯빛 날개는
먼 하늘 시원始原 속으로 사라져가네

초복 初伏

초록비 내리는 초복 날
초복초복
내 유년의 골짜기에도
초록비 내린다

초복 날의 삼계參鷄
삼參과 닭
삶과 닭

닭 속에 고아진 삼의 향기
나는 누구의 삶 속에 한 번이라도
저렇게 푹 고아진 삶(삼)의 향기로
피어나 본 적 있을까

초록비 그치고
초복 날 밥상이 향그러운데
먼 산봉우리에 흰 구름이 오른다
아득히 삼계三界가 환해진다

모란꽃 한 송이

한 톨의 모란 씨앗을 얻기 위해서

육백만 개의 꽃가루가 필요하듯이

수백만 번의

시리고 쓰린 꽃가루를 묻혀서

단 한 번 내 생의 황야에도

모란 씨앗 한 톨을 심어

세상에서 가장 붉고 환한

모란꽃 한 송이 피워 올렸지요

등꽃 피는 계절에

그 등나무 벤치에 앉아서 시집을 읽다가
불현듯 당신에게 전화하고 싶었지요
한없는 사랑의 몸짓으로 바람에 흔들리며
사운대는 애기단풍 붉은 이야기
잎사귀가 계절을 닮아 초록초록
눈동자 깊어지는 은목서 이야기
바늘잎 하나마다 푸른 경전이 되는
금강송 이야기 속에 청량한 새소리를 담아
한 다발 꽃바구니로 보내드리고 싶었지요

그 등나무 벤치에 앉아서 시집을 덮다가
문득 당신에게 전화를 받고 싶었지요
등꽃 잎들 하나하나 보랏빛 시가 되어 피어나는 요즘
그 먼 나라에도 이 향기로움 저물녘까지 퍼져 가는지
우리가 함께 걷던 포플러 가로수길
밀레의 그림처럼 그리움 속에 아득하기만 한데
당신의 푸르렀던 한 생애를 낱낱이 기억해내면서
먼 먼 당신의 나라에서 꼭 올 것만 같은

아스라한 내 마음, 전화를 받고 싶었지요

* 이승희의 시 「사랑은」에서 인용.

목련 두 그루

금산사 대적광전 절 마당
흰 목련 붉은 목련 두 그루 나란히 서 있습니다
문수암 골짜기 찔레밭, 그 먼 곳에서부터 걸어서
모악의 능선을 넘어 천 년을 건너와 서 있습니다

백목련 꽃잎들
산새들의 처음 날갯짓으로 한 잎 한 잎 피어나
산굽이마다 따라온 산향山香으로 천지를 물들이다가
천상의 나비 되어 날아오르면

자목련 꽃잎들
한 잎씩 벗겨내며 붉어지던 눈시울
지나온 생의 가지마다 실려 온 붉은 눈물이
실뿌리까지 스며들어 한 생으로 피어납니다

목련 두 그루의 꽃잎들이 만난 순간은 찰나
멀고 먼 약속으로 천년을 걸어온
풍찬노숙 발자국마다 발가락마다
찔레의 가시에 찔린 선홍빛 향기로 그윽합니다

〈
희고 붉은 가장 순결한 사랑
천 개의 손, 천 개의 눈빛으로
애틋한 그리움 속에 서로를 쓰다듬으며
다시 천년을 기다림으로 서 있습니다

은은한 쇠북소리 골짜기마다 흐르면
몇 생을 걸어온 목련의 사랑
온 하늘, 흰 목련 붉은 목련 꽃송이로 물들어
모악母岳 능선 저녁노을 더욱 붉어집니다

한 마리 산굼새가 되어

'산굼부리'라는 시를 읽다가
나도 한 마리 산굼새가 되어
산굼부리* 그곳으로 날아가네

처음 그곳에 올랐을 때
내 마음이 바람결 되어 흘러갔던 곳
산굼부리, 산굼부리 이름마저 정겨워
내 영혼이 억새밭으로 흘러갔던 곳

드넓은 갈대밭과 돌계단이
아스라이 환영처럼 펼쳐지던 곳
노루와 오소리가 단풍나무 숲으로 들고
상수리나무며 물매화가 천 년을 산다는 그곳
모든 슬픔 거두어서 그 아래 눕고 싶은 곳

서러운 모든 이들의 눈물이 모여와
한라 섬 너른 바다 깊은 곳으로 흘러들면
그리움의 끝 그 시린 눈물, 품속에
따스하게 품었다가 산굼새의 나래로 깃을 치는 곳

〈
다시 천 년쯤 지난 후에
한 마리 산굼새가 되어
훨 - 훨 나래 저어
하늘까지 오르고 싶은 곳

* 산굼부리 : 제주도에 있는 화산체 분화구의 하나로 천연기념물 제263호.

에움길

서로의 영혼 속,
굽이굽이 해안 길
벼랑까지는 당도하지 못해서
젊은 날 사랑 하나
바닷가 기슭에 그대로 남았습니다

끝없이 펼쳐진 먼 들판 길을
해 질 녘까지 함께 거닐지 못해서
어느 날 친구 하나
황혼 속으로 말없이 되돌아갔습니다

기슭에는 사나운 파도가
들판에는 가시덤불 있다는 걸 모른 채
황량한 시간 속에서
서로의 마음들 잃어버렸습니다

사람의 마음 깊은 곳에는
진실이 엇갈리는 허방이 있어
무너져 내리는 쓸쓸한 꽃밭이 있어

〈
지상에서
사람의 마음보다
먼 거리가 또 있을까요

마음을 잃는다는 건
우주의 한 쪽 그늘을 잃고
흘러가는 강물을 보며
오래 앉아 있는 것이랍니다

남해에서

천상의 밤 별들이 쏟아져 내렸을까
햇살에 찬란하게 반짝거리는 윤슬
남해 상주 앞바다에서 보았네

내 가장 빛나던 살과 뼈를
통과해간 시간의 사금파리로 빚어
이 바다에 뿌려놓은 것일까

그 젊은 어느 여름날 새벽
금산 보리암 천 길 벼랑에 서서
아스라이 내려다보던 청춘의 물보라들
한 생애를 온몸으로 달려와
눈물로 부서지던 물보라여!

유배 문학관을 돌아 나오다가 만난 젊은 날
내 청춘은 스스로 유배가 되어, 유폐가 되어
절해고도 외딴섬에 위리안치 시켰나니
산호 숲 파도에 씻겨진 수많은 모래알들은
이제는 조개의 상처 속에서 고운 진주알이 되었을까

〈
나비섬 같은 남해의 해안선을 따라 돌며
나도 어느새 한 마리 맑은 혼의 흰나비가 되어
푸른 바다 위로 훨훨 날아가고 있었네
먼 먼 해안, 윤슬이 반짝반짝 빛나는 곳을 향해서

금강金剛 도서관

심심한 날에는 도서관에 간다
벚꽃나무 아래 차를 대고 걸어가는
잠깐의 그 길이 언제나 좋다

그중에도 내가 제일 좋아하는 금강송 길
강원도 고성에서 옮겨져 와 늠름하게 서 있는
그들 앞을 지날 때면 사뭇 옷깃을 여민다

내가 살아온 만큼 연륜이 엇비슷하다는데
하늘로만 오르는 듯
크고 높고 정정하고 푸르다
그들에게서 풍겨오는 고고함과 격조!
그 그늘에 서면 바람 속에 실려 오는 그윽한 송향松香

이미 그는 만 권의 책! 도서관에 들기 전에
금강송에게서 먼저 배우고 익힌다
상처로 마디진 옹이를 몸속에 다 감추고
한 권 한 권 향기로운 경전이 되어
은은히 붉어진 삶들의 보굿

〈
할! 말 없는 묵언의 생이듯
곧고 높게 올라가
정점에 피워낸 솔잎 바늘로
한 땀 한 땀 금강경金剛經을 수놓은
푸른 생애의 화관들이여!

강물과 새, 꽃과 풀잎에게 묻는다

흐르는 강물에게 묻는다
무엇을 찾아서 그렇게 쉼 없이 흘러가느냐고

금잔화 꽃들에게 묻는다
누구를 위해서 늘 미소 짓고 있느냐고

새들에게 다시 묻는다
자유로운 비상 뒤에 오는 것이 무엇이더냐고

길섶의 풀잎들에게도 묻는다
영롱한 아침 이슬 반짝이는 영광 말고
또 다른 삶의 의미가 있더냐고

강물은 대답한다
찾는 것 없이 그저 흐름에 몸을 맡기면
바다라는 큰 기쁨에 저절로 당도하기 때문이라고

금잔화는 말한다
다 모아 아름다운 문장으로 완성해놓는*

이 미소가 곧 내 절체절명의 향기 높은 생이라고

새들도 노래로 화답해준다
비상 너머 비상, 허공 위의 허공
그 눈부신 찬란함 속에 그냥 날고 있는 것이라고

풀잎들이 마지막으로 대답해준다
그저 바람에 서걱이는 몸짓 하나가
우주와 합일된 사랑인 것을 믿기 때문이라고

* 배한봉의 시 「별꽃」에서 차용

부여에 다시 가면

부소산성 오르는 길 6월에 다시 가면
아름드리 벚나무, 후두둑 쏟아진 버찌 열매들
한 움큼 손에 주워 맛보며 가리
새큼달큼 버찌 맛, 지나온 삶의 맛이라고
음미하며 끄덕이며 낙화암에 오르리

저 멀리 눈부신 백마강 물결 위로
아직도 삼천 궁녀 치맛자락 너울거리고
유람선 한두 척 한가로이 떠가는데
고란사 샘물 찾아 내려가던 숲길
먼 그대와의 추억 한 장을
산새 소리 바람 소리에 띄워 보내리

궁남지 연꽃 만나러 7월에 다시 가면
연못 가득 붉은 연꽃 송이송이들
수렁 진흙밭에서 피워 올린 절창의 꽃
여래의 미소를 그윽히 바라보듯
내 마음 고요 속에 머물게 하리
〈

공주 근처 지나가다 박물관에 들러서
이곳저곳 어린아이처럼 살펴보다가
상상 속으로 옹관에 들어가 드러누워 보면
한 줌 흙이 되는 일생, 둥글게 살다 오라고
넌지시 한 말씀 깨우쳐주리

산수무늬 새겨진 수막새라도 하나
멀리서 얻어와 그 위에 얹어놓으면
하늘 구름 산과 나무 바위들까지
내 영혼 위해서 십장생 십장생 노래 불러 주리라

환삼덩굴

삼천 천변 둔덕에서 나는 살지요
생명력이 왕성해서 여름철이면
둔덕을 덮을 정도로 무성하지요
앞이고 옆이고 정신없이 덩굴이 뻗어가다가
가끔가끔 꽃대 높은, 콧대 높은 금잔화가 피어 있으면
슬금슬금 눈치 보다 그녀의 향기에 도취 되어서
나도 몰래 그녀의 낭창낭창한 허리를 감고 오르지요

아픈 듯 이마를 잠깐 찌푸리다가도
바람에 흔들리며 까르르 까르르 웃고 있는 그녀
아! 미치도록 삼삼한 그 기분 아무도 모르실 거예요
함께 사는 삼천 둔덕 자랑스러운 터전엔
더러는 망초꽃 민들레도 하얗게, 노랗게 피어나지만
그래도 빼어나긴 섬세하고
야리야리한 금잔화 꽃이랍니다

나비들도 금잔화의 꿀을 따러 다가올 때면
질투심에 내 손으로 휘이휘이 쫓아버리고
속마음 들킬까 봐 태연한 척하다가

그녀에게 청혼할까 가만히 생각해 보기도 하지요

그러나 가시털 많은 내 북덕손, 차마 내밀 수 없어
애태우다 속 태우다 절망 끝에 자지러지면
보다 못한 삼천천 강물이 위로하며 속삭여주는데
체념할 줄 아는 것도 더 큰 사랑이라고
넌지시 일깨워주고 군자처럼 흘러, 흘러가네요

천왕봉 오르는 길

수국꽃 함께 젖어 비 내리던 날
한 걸음 한 걸음 고행이듯
노고단 중턱에 올랐을 때
새로운 날이 첫날처럼 다가와
비 개인 산마루에 허리 안개 흐르고
저 아래 화엄사,
장엄한 한 채의 성城으로 서 있네

계곡이 깊을수록 나무들도 저마다
제 생의 깊이만큼 묵묵히 뿌리박은 채 서 있고
극지의 마을에서도 사람들은 꿈을 키우며 살아가듯이
나무 아래 어두운 그늘 속 산꽃들도 제 향기를 뿜는다

임걸령 능선 너머 빈 하늘에 걸려 있는 낮달
그대 그림자 되어 따라오다가
젊은 날의 내 발목에 걸려 자꾸만 고꾸라지듯
뾰족 바위 건너뛰다
바지 속 살점 긁혀 생채기 돋는다
한 치만 잘못 디디면 까마득한 벼랑,

〈
저 아찔한 생의 길 소스라치며 내딛다 보니
네 발로 기어오른 벽소령도 넘어와
황홀하여라! 눈앞에 펼쳐지는 세석평전
저 화엄華嚴의 철쭉꽃밭, 꽃바다, 꽃물결이여!
나는 벌써 날개 큰 한 마리 붕새가 되어
경전의 꽃바다 위로 훨훨 날아오르네

천상 계곡 다 펼쳐진 듯 장터목 지나오면
하얗게 뼈가 된 고사목 지대
죽어서도 살아 있고, 살아서도 죽어 있어
또다시 천 년,
하늘을 우러러 염원으로 서 있네

어느새 하늘길로 가는 통천문通天門
많은 죄로 무거워진 내 몸뚱이
하늘문 열기엔 영혼마저 살이 쪄서
어깨에 멘 고행의 짐은 차라리 가벼워라
낙타의 바늘귀 같은 그 순간!

보이지 않는 넓고 큰 손이
탁! 어깨를 한 번 밀어준다

붕새의 날개를 접듯
하늘 끝 봉우리에 앉으면
멀리 연봉들은
명상의 흰 구름을 잠언처럼 풀어놓고
골짜기마다 감추어진
살아온 날들의 간절함으로,
슬픔으로, 사랑으로

흘러가는 모든 첫날은 새날이 되어
저 수많은 나무들 나이테 속에
푸르른 일생의 문장文章 하나를
깊이깊이 새겨놓고 있었네

저물 무렵

들판의 나무 그림자
노을 속에 끝없이 길어지는 시간

가버린 날의 아련한 그리움
먼 바다 해안을 돌아 밀물져 오는 시간

공동空洞의 깊은 우물 속으로
사유의 두레박 한없이 내려가는 시간

풀잎도 나무들도 모두가 제자리에서
대지에 기도를 드리는 시간

한없는 너그러움으로
모든 슬픔 품어주고 풀어주시는
그 분에게 더 가까이 다가가는 시간

땅거미 더욱 짙어져 그림자도 사라지면
내 영혼, 고요 속으로 들어가
우주와 하나 되는 시간

3부

모과 한 알

가을 정원에 갔다가
떨어진 모과 한 알 주워 왔다
나무에서의 생을 마치고
푸른 잔디밭에 고요히 누워
스스로 장사葬事 지내려는 듯
아름다운 주검의 향내 풍겨왔다

함께 주워 온 붉은 잎으로
제단을 만들어 그 위에 모셔 놓으니
모과 한 알로 온통 노란 빛
거실은 햇빛을 받아 눈부신 가을이다
이승을 하직하는 모과 한 알
그 빛, 이토록 찬란하다

도반 道伴

커피 한 잔 속에서
수많은 날들이 감돌아온다
사십여 년을 같이 살아와
이젠 살붙이만큼 정겹다

봄비 내리는 날의 촉촉함도
눈보라 휘날리던 날의 아득함도
안개 낀 날의 적막함까지

모두 함께 흘러들어
진하고 짙은 삶의 잔이 되었다

산봉우리 같던 슬픔의 날도
하늘로 날아오르던 기쁨의 날도
잔잔한 행복의 날, 주름진 고뇌의 날도
커피 한 모금 속에 다 녹아내려서

뜨거운 잔, 그 위로 모락모락
승화되어 피어나는 내 생生의 깊고 맑은 향기

새들의 적막

이른 아침 사철나무 낮은 울타리 속에서
소살소살 댓잎 바람 서걱이는 듯
새들의 지저귐 소리 신선하다

청량한 소리에 가만가만 다가서니
그 옆 은행나무 높은 가지 위로 새 떼들,
일제히 날아올라 새 울음소리 뚝 끊어지고
노란 은행잎 사이사이로 숨어들었다

놀랐을까, 정적이 사뭇 엄숙하다
조금 전 그리도 즐겁게 노래하다가
사람의 발자국 소리 하나에
자취를 감추고 천지고요 속으로 스며들다니

순간, 새들의 적막
소살대는 댓잎 바람 소리도 사라진 후
비상飛翔 없는 비상非常한 삶의 노래
아침 햇살 속 노란 은행잎 사이사이
소리 없는 지저귐이 찬란한 음표들로 날아오른다

사과나무 사랑

불끈불끈 봄기운에 힘이 솟는다고
완강한 근육질의 팔다리를
앞으로 옆으로 쭈욱 쭉 펼치시더니

가지마다 연분홍 꽃잎들이
수천수만 나비 떼 불러 모아
온 마을 발갛게 물들이더니

어느새 만가을 되어
대지의 향기와 입 맞추더니
저기 저,
붉은 사랑으로 휘늘어진 열매들

지심地心 깊은 뿌리마다
하늘 기운이 스며들어
작고 붉은
우주가 하나씩 매달려 있네

다 들어있네

어머니 산소 갔다 내려오는 길
길섶 모과나무 아래서
주워 온 모과 몇 알
투명한 유리 쟁반에 담아
거실 탁자 위에 놓고 날마다 바라보네

햇살 받아 비치는 푸르스름에서
노르스름까지의 수백 가지 색깔
언어로는 도저히 표현할 수 없는
그 속에 고흐와 밀레와 세잔느의
아름다운 빛깔이 다 들어있네

시고 떫고 향기로운
모과 무덤, 그 속에
말로는 온전히 풀어낼 수 없는
내 어머니의 수만 가지 생生
다 들어있네

내가 올 때까지 기다리라고 말하는 달

인디언 어느 부족의 10월은
'내가 올 때까지 기다리라고 말하는 달'
그 기다림은 평생을 갈 수도 있을지 모르기에
슬픔의 수틀 위에 환희의 꽃잎으로 수를 놓는 일
시월은 너무도 눈부셔서 만남과 이별이 함께 오는 달

알프레드 테니슨을 위해
무려 십사 년을 기다려준 연인
에밀리 셀우드의 진주 같은 사랑,
온 생애를 바쳐서 기다렸다는 솔베이지
세상을 방랑하다 늙고 지쳐서 돌아온 연인을
그녀는 지순至純한 사랑으로 받아들였지

사랑을 기다려본 사람은 안다
기다림 속에 담겨 있는 슬픔과 애틋함,
고통과 쓰라림까지 다 품어 안는다
그러나 기다림은 또한 아름답고 찬란해서
결국 혼자서 가는 영혼의 뜨거운 길
〈

이별의 미학이 기다림이라면
기다림의 미학은 생에 대한 사랑이거늘
꽃향기로 향수를 빚어내듯이
기다림 속의 지극한 슬픔을 빚어
생은 제 홀로 향기를 피워낸다

사랑을 품다

바람은 제 홀로
만 리를 흘러도
바람과 함께 흐르고

강물은 저 혼자 흘러가도
강변의 모래알을
보듬고 흘러간다

사랑은
사랑을 품고 흘러서
더 깊은 바다가 되고

사람은
사람을 가슴에 담아야
비로소 한 생애의 기슭에 닿는다

백자 항아리

순결하고 담백하게 살라고
선물로 받은 백자 항아리
장미를 담으면 장미 항아리가 되고
들꽃을 담으면 들꽃 항아리가 되었네

이제는 늘 비워두기로 하네
비어 있어도 혼자서
어느 날은 달 같은 기쁨으로 차오르고
어느 날은 제 깊은 슬픔으로 차오르네
그 속에 출렁거리는 수많은 전언傳言들

오래 홀로 그 자리에서
기쁨과 슬픔이 하나가 되어
순백의 무언無言으로 말씀이 되네

비어서 가득 차오르는 허공처럼
우주의 향기로 그윽한 백자 항아리
무한 허공을 나래 저어
한 마리 백학으로 건너가시네

만추, 은행나무

찬란하여라
황금빛으로 물들어
온몸 전체가 나뭇잎 공양이다
은행나무 가지들 사이사이로 파란 하늘
노랗게 은행잎 조각보로 수를 놓는다

지난 초봄의 어리고 여린 싹들
병아리 부리만큼 자라나
연두! 연두! 오물거리다가
어느새 완두콩만하게 열매도 매달더니

여름날 온종일 등에 붙어 우는 매미울음은
제 가슴 깊숙이 폭포 한 줄기
뜨거운 눈물로 뿌리까지 흐르다가

온 세상이 만가을, 지금 이때
황금 아우라지 절창인 이때
무량수, 노란 손바닥들은
하늘을 향하여 경건한 제祭를 올리고

〈
툭, 툭 은행알 떨어진 지상은
노랗고 둥근 사랑의 열매로
눈부신 황금사원이 된다

두엄 냄새 푹푹 썩어야
한 겹 벗고 환생하는 황금알
은행나무, 찬란한 육탈로
수만 권 금빛 경전을 엮어내신다

바다가 그리운 날

해 지는 바다가 보고 싶은 날
바람 모퉁이를 돌아가면 거기,
어서 오라
날갯짓하며 날갯짓하며
언제나 나를 반겨주던
기러기 날개로 떠 있는 푸른 섬 하나
비안도飛雁島

출렁이며 물결은
제 갈 길로 떠나가고
섬은 홀로 서서
그리움으로 이별할 때
만선의 고깃배들도
수평선 너머 사라지고 나면

세상에서 가장 긴 어깨의 흐느낌을
선혈처럼 울음 우는 붉은 노을을
바다는 한없이 너른 품으로
다 받아 품어주었네

〈
눈 내리는 해창의 뻘밭에서
조개를 캐던 아낙들의 노랫소리
널배를 밀고 가던 숨찬 소리들

어디로 다 흘러갔을까
저 깊은 아리울 속
붉은 산호숲 가지마다
물방울로 꽃송이로 피어나는 것일까

산호숲 가지마다 얹혀 있는
해창 마을의 잊힌 이야기들
내 젊은 날,
일몰보다 붉은 사랑 이야기들을
바다는 모두 제 가슴에
깊이깊이 품어 안고 있었네

너머

혼자 있어도 홀로가 아니었지
'너머'에는 늘
붉은 노을이 함께 있었지
활활 다 타오르지 못한 청솔연기가
마음 한복판에 새파랗게 서려 있어
글썽이면서도 눈부신 진주 같은 게 빛났고
등줄기 서늘한 빗물 한 줄기 흘러도
한쪽 가슴엔 따수운* 구들 몇 개 놓여 있었지

'너머'라는 말
쓸쓸하면서도 애잔하게 첫눈처럼 다가와
살풋, 그리운 이의 옷깃에 내려앉는 오늘
슬픔 너머, 눈물 너머 애린* 시간들의 골짜기
먼 날을 에돌아와
그대 마음자리에 고요히 머물러보는
포근하고 뼈 시린 이승의 툇마루
눈 내리는 저녁 아궁이 앞에 앉아
청솔가지 툭툭 분질러 집어넣으면
불꽃 속에 환하게 피어나는 그대 얼굴

〈
어둠 짙어지는 벌판에 눈 펄펄
가마솥 물도 펄펄 끓어오르고
구들장 더욱 따듯해지는
겨울밤, 너머
바람 부는 잔가지에 흰 눈발 날리듯
간절함 속에 한마디 말
'너머'

* '따스운', * '아린'의 전라지역 방언

어떤 수행법

어느 깊은 산골 오지 암자에
거룩한 스님 한 분 홀로 사셨다는데
아침 공양 지어먹고 설거지하고
새들에게 모이 주고 절 청소하고 어쩌다 보면
점심 공양 시간 되어 또 밥 지어 먹고

텃밭에 나가서 남새밭에 풀 좀 매다 보면
어느새 저녁 공양 시간 다 되어가니
하루 세끼 밥 지어 먹는 게 일과의 전부라는 듯
예불도, 불공도 없고 기도도 하지 않는

- 마음속 합장만이
예불이고 불공이고 기도라는 듯 -

그러다 어느 날 세속의 노모님을 모셔 와서는
하루 세끼 어머님 밥 지어 공양드리는 일을
세상에서 가장 소중한 일로 알고
부처님께 공양하듯 사셨다는데
이 또한 그 스님만의 수행법이셨다는데

〈
무어라, 어떻다 말할 수 없는 일이라는 듯
그럼에도 불구하고 그렇게 거룩하신 스님은
아직 어디에서도 못 보았다는
큰 절 어느 스님의 법문이었네

팡세와 억새

창밖 풍경 속에선
억새들 은빛 머릿결 눈부시게 빛나고
바람이 조금씩 불어 그 머릿결
하얗게 흔들리는데
가을날 오후 커피 한 잔을 마시며
어느 시인*을 읽는다
그가 잊히지 않은 몇 쪽지를 찢어
주머니에 넣고 다니며 외웠다는 팡세
팡세의 머릿결과 억새의 은발이
오버랩 되는 가을날 오후
나는 그를 읽고 그는 팡세를 읽고
팡세가 억새의 은빛 머릿결로 나부끼는
오후, 서늘한 가을날
팡세는 시간이 되어 흩날린다
나의 세월 속에서
억새는 팡세의 은발처럼
바람 속에 흔들리며 흔들리며 풍경이 된다

* 송재학 시인

슬픔을 오래 삭인 나무

슬픔이 오래 묵으면
나무가 된다지요

배롱나무는 해마다 껍질을 벗어
지난날들을 망각한다지요

무지개는 아름답지만
헛것이어서
우리들 마음을 슬프게 하지요

그러고 보니
슬픔과 헛것은 하나

무지개 스러지는 언덕쯤에서
슬픔을 오래 삭인
한 그루 나무가 되어
그렇게 사는 일도 좋을 것 같지요

곰소항

곰소항으로 가리라
붉은 상처들 꽃송이로 피워주고
천 개의 하얀 손들 흔들면서 달려와
빈 가슴 채워주는 파도 떼를 만나러 가리라

내 젊은 안개 밭 심연의 습지를
오늘, 곰소항 푸른 바람과
쨍쨍한 햇살로 말갛게 씻어 내리라

염전의 소금은 구도求道의 길
슬픔과 눈물이 육탈한 뒤에야
비로소 누군가의 밥상 위에
맑은 성찬盛饌이 되는,
해풍에 씻겨서 영혼마저 빛나는

제 몸 스스로
다 달구어낸 인고의 시간
금강석 같은 결정체로 남아
햇살에 눈부신 소금꽃 서걱거리고

〈
내소사 대웅전 쇠북소리 함께 내려온
꽃살문 한 송이씩 수평선에 펼쳐지면
곰소항 물결도 노을빛에 물들어
온 바다 붉은 꽃밭에
이랑이랑 천만 송이 환하게 피어나리라

청보라 구절초

시인상을 탄다고, 어느 지인이
청보라 구절초 축하분을 보내오셨다
수상식장을 환하게 밝혀주던
수많은 꽃송이들이 웃음 지으며
눈웃음치며 내게로 안겨오던 날
베란다에 옮겨놓고 아침마다 눈인사 싱그러웠지

유럽 여행 어느 날
폴란드 평원을 지나가던 날
라벤더 청보라
드넓은 화원을 연상하며
날마다 황홀한 눈맞춤이었지

물을 뿌려주면
진주처럼 빛나는 영롱한 물방울들
한 보름 지나자 싱싱했던 기운 스러졌지만
사색이 깊어진 듯 은은한 마른 꽃
속기俗氣가 다 빠져나간 은수자의 눈빛 같다
〈

나의 시도 저 구절초처럼
아홉 마디 굽이마다 고비마다
한 줄기로만 혼 맑은 꽃 피워냈을까
생의 마디마디 아홉 마디 건너올 때
눈물보다 아름다운 진주꽃 피워 올렸을까

꽃에게도 길이 있다면
구절초 꽃송이들 속에서도
오롯이 빛나는 길 하나 보여
시간이 흐를수록 깊어진 청보라 눈빛 속
찬연한 내 시의 길 따라가 본다

위봉사 은행나무

만추의 그 아담한 절이 그리운 날
굽잇길 돌고 돌아 위봉산성 넘어오면
거기 추줄산 치마폭에 안겨있는 위봉사

절 마당을 한참 동안 거닐다가 범종각 앞에
발길 닿아 내 지난至難함 고요히 내려놓으면
쇠북소리에 담긴 슬픔의 무늬들은
어느새 하늘하늘 비천무飛天舞로 오르네

종소리 되어 흩어지라고
바람 되어 흩날리라고

뒷산 능선 자락에 은은히 눈길 보내다
하늘 계단 내려오듯 일주문 계단을 내려서면
와! 노을 속에 눈부신 황금빛 은행나무
저 황홀한 잎들 속에 지난여름 흘러간 푸르름

청춘이 가는 것도 모르고*
내 푸르름 흘러간 것도 모르고

〈
오늘, 위봉사 은행나무 아래서
내 언젠가 저 잎처럼 지는 날
노랗고 깨끗하게, 황홀하게 지고 싶어
오래오래 서 있어보네

종소리 되어 흩어지라고
바람 되어 흩날리라고

* 천양희의 시 「시인의 말이라고?」에서 차용.

선운사 꽃무릇

뿌리가 마음이라면
꽃은 심장을 밝히는 빛이었으리

찬란했던 심장은
평생을 그리워하며 만날 수 없어도
언제나 서로의 영혼 속에 살아 있기에

하늘하늘 곧게, 하늘을 향한 꽃대
뿌리 속에 어여삐 잠든 사랑이여

천 년, 이승을 다 살아내어
도솔산 장송 아래 핀 한 무리의
꽃무릇, 그 붉은 꽃술 사이사이로
언뜻언뜻 스치는 당신의 모습

꽃무릇 다 져버린 시월의 언덕
꽃대궁 마른 향기 바람에 흩날리면

뿌리 속에 잠들었던 한 생의 찰나
다시 환하게 피어나는 당신의 얼굴

4부

부석사 무량수전에서

산 첩첩

너머, 너머

자욱이 저무는 연무 속

능선들 어깨마다

고요히 서로 기대며

사과꽃처럼 피어나네

사랑 이야기

허공에서 이따금

허공에서 이따금
가야금 소리 들려올 때면
도라지꽃밭에 앉아 꽃잎을 딴다

어느 달밤 지창紙窓에
댓잎 그림자 어른거려
댓돌 아래 맨발로 마당에 내려서면
서걱이는 비인 바람 소리뿐

푸른 밤, 은하수 별빛도
눈부신 문장으로 내려오지만
내 마음 깊은 속 책갈피를 열어보면
천산 멀리 아득한 비문非文의 허공!

시간은 슬픔이기에

시간은 슬픔*이라지요

사월의 벚꽃 꽃잎마다
눈부신 절창의 순간들이
꽃비 되어 바람결에 흩어지고 나면
그림자 어깨 위로 남아 흐르는 것은
비인 꽃자리 쓸쓸함뿐이지요

그러나 삶은 가끔
창을 열면 황홀한 바다로 향하는*
흰 돛배 몇 척 풍경화처럼 떠 있기에
수평선 너머 파도 속으로 사라진다 해도
오늘, 사랑의 푸른 손수건을 돛폭에 매달아
멀리멀리 띄우기도 하지요

시간은 닿을 수 없는 슬픔, 이라서요

* 지두 크리슈나무르티 「아는 것으로부터의 자유」에서 인용.

얼음꽃 사랑

몇 겹이라도 흘러야
속잎까지 투명한 꽃으로 피어날 수 있으랴
뼈 시린 가지마다 영롱하게 매달린 얼음꽃
지나온 시간들이 아스라이 묻혀 있네
한 치의 틈도 없이 얼어버린 눈물의 샘

만 겹의 바람 노래, 천만 그루 나무들 노래
마디마디 실핏줄 터지는 쓰라림의 줄기 사이로
흘러와 섞여서 피어난 환희의 얼음꽃

산 아래 계곡에서는
제 길 따라 마을로 흘러가는 물줄기들 싱싱하고
오솔길 걷는 연인들의 웃음소리처럼
겨울 동박새 울음소리 숲속으로 흘러가네

여기는 지금 수빙의 상고대
얼음꽃 만발한 순백의 사원
꽃잎들 한 장마다 환한 경구로 피어나
수만 권의 경전經典으로 가득 찬 사원

〈
산봉우리 멀리서
은백의 종소리들 메아리로 울려와
고요히 내 몸 안에 들어와 속삭여주네

사랑은 불꽃 속에
활활 피어난 얼음이라고
천만 구비 고통의 빙점을 넘어야
비로소 꽃이 된다고

눈물도 결빙되면 지상에서
가장 아름다운, 희고 환한 꽃이 되네
천지간에 만발한 얼음꽃 사랑

눈 내리는 날의 마당재*

창밖에 하염없이 눈은 내리고
내리는 눈을 바라보다가
유년의 숲속으로 들어가 보면
잠든 어린 나를 등에 업고
외숙모* 눈 내리는 마당재를 넘어가시네

내 얼굴 행여나 눈 맞을까봐
붉은 모란꽃 포대기에 포옥 싸 업고
사랑 깊은 외숙모 눈 맞으며
마당재 마당재 넘어가시네
하얀 눈길 마당재 넘어가시네

잠 깬 어린 나
낯선 외숙모 집에서
으앙으앙 한없는 울음 그치지 않아
놀라신 우리 엄마 한걸음에 달려오시어
금싸라기 막내딸 꼬옥 안아서
외숙모 아쉬운 마음도 포대기에 담고
마당잿길 흰 눈꽃 찍으며 돌아오시네

〈
유년의 숲길에 다시 서 보니
고운 엄마, 자매처럼 외숙모 손을 잡고
마당재 자오록한 눈길, 흰 매화 송이 사이로
웃으면서 다정하게 걸어오시네

* 마당재 : 외숙모가 사시던 전주 노송동 근처의 옛 지명.

* 외숙모 : 외숙모는 우리 집에 자주 놀러 오시곤 했는데 자손이 없던 터라 어린 나를 딸처럼 무척 귀애하셨고 고우신 엄마랑 외모와 나이가 비슷하셨다.

널배 위의 생
- 한 어머니의 고백

온몸으로 밀고 가는 생*이었네
널배에 몸을 실어 갯벌에 나가면
온갖 근심 다 잊고
오로지 꼬막만이 내 세상이었네

꼬막으로 한 생을 살아내고
널배 밀어 오 남매도 키웠으니
무릎이 다 닳아져도 널배만 보면 덩더꿍 힘이 솟아
어느새 한 몸이 되어버린 수족이었네

갯벌 너른 진창은
내 생애 한바탕 판소리로 펼쳐져
중모리 자진모리 휘모리장단까지
뱃심 뒷심 구구절절 절창이 되었으니

온몸으로 쭉쭉 널배를 밀고 가면
수렁처럼 젖어 있는 축축한 삶도
순천만 갈대 바람이 간간이 불어와서
사랑의 손길이듯 어루만져 말려주곤 했었지

〈
평생을 실어 나른 나의 널배는
내 삭신처럼 마디마디 관절이 쑤시고 애려*
이제는 맑은 물로 결결마다 부드럽게 씻어서
고운 햇살에 짱짱하게 널어 말려 놓으면
살아서도 널, 죽어서도 널이 되어
내 가는 날 영혼까지 함께 할 목관木棺이 되리

* 천양희의 시 「이건 우연이 아니다」에서 인용.
* 애려 : '아려'의 전라도 방언.

십장생과 놀다

그대 어느 가을날 한계령을 넘다가
한계령 휴게소에 들러 작고 앙증맞은
술잔 한 번 사보신 적 있나요
짙은 하늘빛 바탕에 십장생이 그려진
딱 두 모금 들어가는 술잔을 사보신 적 있나요
그 술잔에다 혹시 설중매라도 한 잔 마셔보셨는지요

십장생 풍경 속에서는
소나무에 백학이 날아와 앉는데
붉은 해 지면서 구름을 헤치고
얼굴이 반쯤 가려 솟는 달
산자락을 내려온 사슴은
목이 마른지 시냇물을 마시고
숲속에서는 천 년 된 바위들의 숨소리도 고요해

불로초를 찾아가는 거북조차 엉금엉금
그들과 함께 놀다가 설중매 한 잔 마시고 나니
마치 신선이 되어서 천상을 떠가는 듯한
그 아리아리한 기분을 느껴보신 적 있나요

〈
이십여 년 전 어느 늦가을 설악에 들다가
한계령 휴게소에서 구해온,
입술 같던 술잔이 그 사랑 같던 술잔이
아차차! 손톱 속 반달의 반만큼의 이가 빠져서
어떻게 때워볼까 궁리하다가
그만 십장생과 함께 놀고 말았습니다

덧없는 우리 생에, 찰나의 꿈같은 생에
이백이나 송강의 장진주將進酒는 아닐지라도
이 작은 술잔에 그려진 십장생 벗님들이
때로는 내 삶 안에 고요히 들어오셔서
오래오래 다시 살게 이끌어주는 것이었지요

매화 향기 아직 멀어,
오늘같이 눈발 펄펄펄 날리는 겨울날이면
설중매 한 잔의 맛 더없이 그윽해지면서 말이지요

동굴 탐사
-내시경

선지자라도 되는 듯
그는 한 송이 횃불을 들고*
천천히 조심조심 동굴을 탐사한다
나도 사뭇 긴장하며 그 뒤를 따른다

뜨끔 따끔 쿨럭, 콰르르 쿨쿨
선연한 속살, 심연의 붉은 동굴
들어갈수록 신세계에 당도한 듯
온통 붉은 새의 날개로 가득 차오르더니

일순간, 천지간의 고요!
검은 벼랑 앞에서 더 이상
갈 수 없어 되돌아 나온다

내 영혼의 붉은 동굴,
탐사할 수 있는 길이라면
천 개의 눈을 가진 이가 있어
가는 길목마다 횃불 한 송이로
어둡고 습한 눈물 따스하게 비춰주고

〈
천 개의 손을 가진 대자대비하신 이가
바위틈 모서리마다 엉겅퀴로 피어난 상처꽃을
그 부드러운 천 개의 손가락들로
어루만져 씻어내고 닦아내어 주신다면

깊고 긴, 영혼의 동굴 끝
천지간의 고요! 속에서 흰 새들의 날갯짓
드맑은 지저귐 소리
메아리처럼 되돌아오리라

* 내시경 의료기를 든 의사.

겨울 직소

그늘진 산등성이 따라서
봉래구곡 굽이굽이 꽝꽝 얼었다
화려한 잎새들,
지난가을에 다 떠나보내고
나무들 흰 뼈 곧추세워 저마다
시린 계절 동안거에 들었다

늘, 생은
곧게 흘러야 한다고
직소直沼가 된 폭포
곤두박질쳐
멍든 몸 산산조각 부서져도
두려움 하나 없는 결기로 살았다

오늘은 관음봉 골짜기마다 묵언 수행 중
한설寒雪 난분분한 겹겹의 빙폭은
스스로 빛나는 은산철벽이 되었다
그러나 저 차가운 얼음 속
깊은 근원에 잠겨 있는 뜨거운 설법

〈
입춘이 오면
당목 베폭 갈라지듯 쩍 갈라져
폭포수 콸콸콸 솟구쳐 올라
세차게 힘차게 흘러가리라
생은, 늘 푸르게
다시 또 흘러야 한다고 말하듯이

내 마음을 풍등처럼

저녁 산책길 바람이 불어와
풀 향기 속, 벤치에 누워보니
하늘은 노을 속 칠채산七彩山으로 물들고
멀리 산자락 아파트는
환한 성채처럼 서 있다

서편 하늘에 샛별 하나 빛나더니
연이어 꽃송이처럼 피어나는 별들
별 하나 하나에
내 마음을 풍등처럼 달아놓는다

전생의 바람일까
이마 위를 스치고 가는
저 바람결 속에 명사산鳴沙山의
사각사각 모래 울음소리

황량한 고비 사막을 건너와
투루판 화염산을 넘어와
누란*을 찾아가는 한 줄기 바람

〈
밤하늘에 나팔꽃처럼 피어나는 별
별들의 사랑, 그 아득한 이야기 흐르고
뜨거워진 내 모래산의 샘물이
맑고 푸른 월아천月牙泉*으로 흐른다

* 누란 : 고대의 작은 도시국가로서 실크로드 교역의 중요한 도시였음.
* 월아천 : 명사산에 있는 초승달 모양의 샘(오아시스).

뒷모습

그날의 영화는
딱 한 장면뿐이었다
오래된 스크린은 너무 낡아서
안개 자욱, 거의 흑백영화 수준이었는데
화면 속 주연 배우는 너무도 생생하여
한눈에 알아볼 수 있었다

전후 장면들은 그동안의 이야기를
압축파일로 감아버린 채
30초의 동영상 한 장면 속에서
주인공 뒷모습은 찰나에 사라져 갔다
그날의 영화관 매표소에서 출입구까지의 거리는
먼 먼 삼십 년의 세월이었다

보름달 환하던 가을밤이면
금암동 골목길을 휘적휘적 걸어와
우리 집 담장 밖, 붉은 장미 향기처럼
바람결에 휘파람 소리를 실어 보내던 그
푸르던 그, 백석* 같던 그가

〈
흰머리 성성한 뒷모습을 남긴 채
한순간의 동영상으로 사라져갈 때
내 마음속에 한 장면의 스크린 샷
파일 제목을 '허망함'이라 하겠다

다시 삼십 년의 길고 긴 저장……
연출자인 신께서는
그와 나의 삼십 년 만의 한순간 해후를
영화 속의 영화, 슬픔 속에 새겨진 명장면을
영원한 뒷모습으로 딱 한 장면만 보여주셨다

* 시인 白石.

이명정耳鳴亭

사방이 숲으로 둘러싸인 나의 정자亭子는
사계절 매미울음으로 푸르다
매 순간 목 놓아 우는 소리는
황량한 벌판을 말갈기 휘날리며
수만 마리 달려가는 바람소리다
새벽녘 들판의 눈보라 휘몰이로 몰고 와
사무친 피리소리 가락으로 흐르다가
때로는 저문 바다 새떼마저 날아 가버린
뼈마디 울음 삭인 세월세월 밀물져 오다가
수리성 그리움의 파도가 철썩이는 듯도 하는데
어느 날 건넛산에서 들려오는
붉은 적송赤松의 보굿에 젖는
은은한 빗소리, 솔잎에 젖는 빗방울 소리
동그랗게 맺혀서 사랑으로 다가오는 머언 송뢰松籟여!
이제는 날마다 강물처럼 흐르고 흘러
어느새 명창인 듯 고수인 듯 하나가 되어

고요한 춤사위에 스란치마 사붓이 돌며
그윽하고 청정한 노래로 하늘까지 오른다

침묵 경전

적막 고요 침묵이 경전이 되네
눈을 감고 있으면
세상의 소리들 잠들었다가
깨어나 번쩍,
한 줄 경經이 되시네

내 안의 히말라야
깊고 깊은 골짜기
너덜강도 지나서 가시덤불 헤치고
파놓은 바위굴 속에
열 손가락 정釘이 되어
글자 하나 새겨놓으니

마디마디 뭉그러진 세월
평생 기다림의 끝
거기에서
눈부신 금사다리 하나
묵시의 경이 되어 내려오시네
무언無言의 말씀을 편찬하시네

특별한 독서법

가끔은 책을 읽다가
글자가 꼬물꼬물 다르게 보인다
'간사함'이 '감사함'으로
'명성'이 '명상'으로 보인다

또 어느 때는 '신'이 '선'으로
'사람'이 '사랑'으로 보인다
어쩌면 이 나이에 퍽도 어울리는지
오히려 잘못 읽혔음에 감사한다

선善 없는 신神, 사랑 없는 사람
둘 다 황폐하지만
선의 신, 사랑이 많은 사람을 생각하면
황폐했던 마음이 금세 훈훈해진다

감사와 명상, 선과 사랑
나이 들수록 좋아지는 글자들
연이어 되뇌어보면
가슴속이 가득 꽃길처럼 향기롭다

고흐의 방*

기다림은
영혼의 촛불처럼 타오르고
그*가 오지 않을 줄 알면서도
창문은 언제나 반쯤 열려 있다

남녘 대지의 향기를 품어
창 안으로 들어온 아를의 햇살은
외로움 가득한 작은 방
두 개의 의자에서, 화병 위에서
해바라기꽃이 되어
수많은 이야기를 수런수런 피워낸다

노란 나무 침대와 하얀 거울
그림 속의 그림,
나무와 들판 길에서도
그와의 시간들은 처절한 그리움의
푸른색으로 덧칠되어
먼 배경처럼 남아 있지만
〈

기다림은 홀로 기다리는 자의 것
벽에 걸린 자화상 속,
스스로의 깊은 영혼을 들여다보며
고요의 침묵 속에서
긴 밤들을 촛불 태워 결별하고 있다

* 고흐의 방 : 고흐의 작품명.

* 그 : 폴 고갱, 화가의 동업을 꿈꾸며 몇 개월 고흐의 '노란 집'
에 머물렀지만 서로 의견이 맞지 않아 헤어짐.

십이월의 시

이만하면 올해 한 해 잘 살아냈습니다
하루하루 소중하고 경건하게
두 손으로 잘 받아 감싸 안았습니다

두어 번 발을 헛디뎌 무릎 다치고
유리창에 이마 부딪혀 죽비인 듯 놀랐지만
사는 일이 넘어지고 부딪히고 깨어지면서
삶을 껴안아 오묘한 이치를 알아가듯이
넌지시 깨우쳐주는 설법으로 받아들였지요

가을에는, 젊은 날의 시 한 편이
밤하늘 피리소리 같았던 그 한 편이
슬픔과 환희의 아름다운 노래가 되어
더 깊은 영혼의 골짜기로 울려 퍼지는
청복을 호젓이 누리기도 하였습니다

찬 서리 내린 십이월의 뜨락에
고즈넉이 피어 있던 국화 몇 송이
화병에 옮겨와 온 방 안이 향기로 가득하더니

묵상집 사이로 마른 국화 향이 스며듭니다

푸른 새벽
산 너머로 새 몇 마리 날아간 후
첫눈을 기다리는 고요한 나무들 바라보며
이만하면 지족知足하여 더없이 행복합니다

천리향

눈멀어
더욱 향기로운
내 사랑

평생을 기다려도
오지 않는 너, 에게로
희고 붉은 꽃잎
세월을 덮으면서

어느 하늘 아래
안개 자욱 먼 길
더듬더듬 한 뼘씩
천 리를 가네

풍장風葬

내 푸르렀던 생애의 꽃잎들

붉은 상처로 바람 속에 흩날린다 해도

아직 지상에 남아 있는 살과 혼

그 위로 흘러가는 마른 향기는

깊고 아늑한 어느 골짜기 자작나무숲

뿌리에까지 차갑게 서럽게 흘러 들어가

적멸 속으로 한없이 스며들어 가면

들꽃과 새들에게 남은 날들 나누어주고

따스한 눈물 되어 긴 세월 적시다가

만다라 꽃 한 송이로 지고천 어디쯤 다시 피어나리라

■□ 해설

순결한 삶의 깊은 사유를 찾아서

문정영(시인)

　시력 40년이다. 몇 번의 강과 산이 변하고 문장들은 古典처럼 깊어졌을까. 이번 다섯 번째 시집은 9년 만이다. 어떤 언어는 쓰이기 전에 시인의 마음에서 싹이 트고 꽃이 피었다. 어떤 사유는 몇 계절을 지나서 푸르러졌다. 그 그리움의 시간을 우리는 차츰 사랑하게 될 것이다.

　사람의 성격이나 정서는 쉽게 바뀌지 않는다. 대신 성정, 인격은 갈고닦으면 바뀔 수 있다. 이번 시집에서도 시인이 가지고 있는 자연에 대한 서정은 순결하다. 다만 대상과 하나가 되는 사유의 깊이가 긴 골목길 같아서 독자의 마음을 밀물처럼 사로잡는다. 사실 우미자 시인의 시편들은 해설이 따로 필요하지 않다. 편편마다 감정의 색감들이 살아 있고 이야기들이 내재 되어 있어 개성이 뚜렷하고, 그 개성들은 그대로 살려도 충분히 의미망을 표출하여 빛나고 있기 때문이다. 해설을 쓰는 필자는 시인이 끌어온 서사를 전해줄 뿐이다.

쇼펜하우어는 인간이 욕망의 존재라고 보았으며, 그에게서 영향을 받은 니체 역시 같은 관점을 가졌다. 욕망이 제대로 쓰이면 삶을 살 수 있는 '힘에의 의지'로 쓰일 수 있으며, 그것은 끊임없이 자신을 채찍질하고 도전할 수 있는 강인한 정신력을 키워낼 수 있다. 청년 시절엔 이러한 니체의 철학이 합당하고 삶을 살아가는데 있어 많은 긍정적인 결과를 가져오기도 한다. 하지만 장년층을 지나면서부터는 욕망에서 비롯된 모든 집착을 끊어내고 비워내는 것이야말로 평온함에 이르는 길이란 점에서 쇼펜하우어의 철학에 동조하게 된다. 우리가 나를 비우고 사물을 바라볼 때 그러한 아름다움을 드러내는 것은 사물 자신이다. 이렇게 사물을 아름답게 바라보는 것을 쇼펜하우어는 '심미적 관조'라고 한다. 심미적 관조 상태에서 경험하는 안식과 평안이야말로 인간이 추구할 수 있는 최고선이 아닐까. 관조하는 삶, 모든 욕심에서 벗어나 마음의 평온한 상태를 유지하는 뒷모습이야말로 아름답다 할 수 있을 것이다. 우미자 시인은 이 길을 따라 많은 것들을 내려놓고 진정한 시어의 뼈대들만 환하게 드러낸다.

우미자 시인의 5번째 시집 『얼음꽃 사랑』에선 그러한 화자의 심정적 변화를 대변하는 여러 시편들이 눈에 띈다. 그 시편들을 몇 갈래의 의미망으로 나누어 함께 가보자. 아름다운 시간 여행이 될 것이다.

1. 연륜에서 오는 삶의 깊은 사유를 찾아서

"짧고 순결한 생애/ 사순절의 장엄한 주검이듯/ 나무 아래 꽃잎들 벗어놓은 채/ 흰 새들, 그 영혼 창공으로 멀리 멀리/ 부활 되어 날아오"(「백목련 송이들의 푸른 연주법」)르는 이미지를 통해 시인이 드러내고자 하는 삶의 가치관에 독자들은 커다란 공감대를 형성한다. 이제는 채우는 시기가 아니다. 비워내고 가지 치면서 그 여백을 한껏 보여주는 것, 그것은 생을 진정성 있게 살아온 사람만이 할 수 있는 일이다.

아래 「저마다 길이 있어」를 차분하게 음미해보면 우리의 삶이 얼마나 많은 지난한 길을 따라 흘러왔고, 시인이 말하고자 하는 우리의 본성을 그리고 이 생을 사는 동안 찾아낸 삶의 의미를 엿볼 수 있게 된다. 이는 시인이 이만큼 살아왔기에 그 길을 볼 수 있는 것이다. 아직 그 길이 보이지 않은 독자들도 눈을 크게 뜨고 저마다의 인생길을 찾아보면 좋겠다.

바람에도 길이 있다지
거침없이 흘러가다 길이 막히면
제주 돌담 같은 곳 길이 막히면
현무암 숭숭 뚫린 숨구멍이 길을 터주고
엇놓인 돌담 틈새 그 사이사이로
바람은 제 홀로 길을 찾아간다지

바다에도 길은 있다지
바닷가 유채꽃밭 노오란 들판
한적한 날들의 평화 속에도
불현듯, 삼킬 듯한 파도가 밀려오면은
파도와 해일과 한 몸이 되었다가

너울마다 이랑마다 숨을 골라서

다시 푸르고 잔잔한 길을 내가며

수평선 멀리멀리 찾아간다지

바람에도, 바다에도, 생의 모퉁이에도

막힐 듯, 막혀버린 듯 앞이 캄캄 보이지 않는 듯해도

저마다 길이 있어 종래는 다시 살아 나아간다지

- 「저마다 길이 있어」 전문

"이제는 늘 비워두기로 하네/ 비어 있어도 혼자서/ 어느 날은 달 같은 기쁨으로 차오르고/ 어느 날은 제 깊은 슬픔으로 차오르네/ 그 속에 출렁거리는 수많은 전언(傳言)들"(「백자 항아리」)을 들을 수 있는 것은 삶의 자세가 깊어진 까닭이다. 백자 항아리 여백의 말을 들으면 우리는 평온해진다. "수천만 번의 곡예, 고개를 넘어야/ 생의 협곡을 단번에 뛰어넘듯이/ 단숨에 놓지 않으면 잡을 수 없네/ **놓아버린 찰나가 최고의 절정이네**/ 비로소 한 점 허공이 되네"(「공중 그네」) 우리가 붙잡고 있는 것들을 놓아버리지 않으면 원하는 이상의 높이까지 날지 못한다. 이를 발견하는 연륜을 시인은 가졌다. 독자는 작은 눈빛을 빛내면 그 말을 전해

들는다. "껄끄러운 환삼덩굴이 뒤엉켜와도/ 바람에 한들거리며 웃고만 있네/ 지금 나의 자리가/ 가장 아름다운 꽃자리라는 듯"(「금잔화 꽃길」) 내가 앉아 있는 지금 이 자리가 가장 순하고 아름답다는 것을 꽃들은 안다. 인간도 꽃만큼 아름다워지면 지금 있는 여기가 최고의 꽃길이라는 것을 알게 된다.

  몇 편의 행간의 여백을 통하여 독자는 벌써 눈치챘을 것이다. 무르익은 시인의 서정을 그리고 연륜의 향연을 마음으로 새겼을 것이다. 그 작은 불꽃들을 가슴에 간직할 수 있다면 우리의 남은 생도 향기로울 것이다.

  우미자 시인의 연륜을 찾아가면서 만난 「벚꽃잎 흩날리는 날」은 절창이다. 봄날은 언젠가 지나갈 것이며, 벚꽃잎 훨훨 날아가듯 우리의 삶도 그렇게 미련 없이 봄날 소풍 가듯이 간다면, 그러기 위해서는 여한이 없이 살아야 한다. 조금 더 배려하고 베풀고 감사하며 살아야 한다. 그 마음결이 가득 담겨 있는 이 시는 그래서 오래오래 벽에 붙여놓고 들여다보아도 좋은 작품이다. 찬찬히 바람이 스치듯 읽어 보시라.

남녘으로 문상을 간다

벚꽃잎 아직은 가지에 남아 있어

한 잎씩 바람에 흩날리는데

구순을 넘긴 망인에겐 호상이라고

소풍을 가듯, 문상을 간다

나, 언젠가 가는 날도 이렇게

벚꽃잎 하나둘 바람에 흩날리고

봄 하늘 맑아 푸르를까

나, 떠나는 날 이렇듯 가벼운 마음으로

훨훨 날아갈 수 있을까

그곳에 가면

사계절 꽃잎 피어 있는 꽃마을이고

사람들도 모두가 웃음 속에 산다고

벚꽃잎들이 하늘하늘 손 흔들며 배웅해줄까

한 번도 가보지 않은 그 낯선 길

헤매지 말고 잘 가라고

봄날 소풍 가듯 잘 가라고

　　　　　　　　- 「벚꽃잎 흩날리는 날」 전문

2. 사랑과 이별 그리고 그리움의 물결

앞의 「저마다 길이 있어」에서는 자연과 사물의 관조를 통해 시인은 살아온 세월을 반추하고 깨달음을 얻고 있다. 그 깨달음의 연장선에 「저물 무렵」, 「모과 한 알」, 「도반」, 「특별한 독서법」, 「십이월의 시」 등이 있다.

한편으론 당신으로 지칭된 대상에 대한 지고지순한 사랑과 그리움을 서정적으로 그려낸 시편들이 눈에 띈다. 이처럼 모든 집착과 욕망을 끊어낸 자리에 들어선 **純粹**의 결정체야말로 삶의 정화 역할을 하는 것은 아닐까. 사찰을 포함한 무수한 여행지의 지명들이 제목으로 쓰여 있고, 그 안엔 심미적 관조의 순간들이 담겨 있다. 시인이 걸어온 길을 따라가면서 그 결실을 작은 바구니에 담는 일은 그래서 즐겁다.

> 내가 처음 그 사람 만났을 때
> 세상에는 저리도 희고 맑고 순결한
> 벚꽃 같은 사람도 있구나 생각했지요
> 벚꽃 길 한없이 걸어가다 보면

생각보다 먼저 마음이 가닿는 사랑˚

깊은 뿌리까지 내려가 꽃잎으로 피던 사랑

　　　　　　　　- 「벚꽃 그늘에 앉아」 부분

사랑은

사랑을 품고 흘러서

더 깊은 바다가 되고

사람은

사람을 가슴에 담아야

비로소 한 생애의 기슭에 닿는다

　　　　　　　　- 「사랑을 품다」

어느새 만가을 되어

대지의 향기와 입 맞추더니

저기 저,

붉은 사랑으로 휘늘어진 열매들

지심地心 깊은 뿌리마다

하늘 기운이 스며들어

작고 붉은

우주가 하나씩 매달려 있네

        - 「사과나무 사랑」 부분

희고 붉은 가장 순결한 사랑

천 개의 손, 천 개의 눈빛으로

애틋한 그리움 속에 서로를 쓰다듬으며

다시 천년을 기다림으로 서 있습니다

        - 「목련 두 그루」 부분

천 년, 이승을 다 살아내어

도솔산 장송 아래 핀 한 무리의

꽃무릇, 그 붉은 꽃술 사이사이로

언뜻언뜻 스치는 당신의 모습

        - 「선운사 꽃무릇」 부분

 부분부분 가져온 시상에서 엿볼 수 있듯 행간은 무겁지 않으면서 계절마다 피는 꽃들의 이름이나 다녀온 고장의 지명처럼 익숙하면서도 따듯하다. 그게 우리가 살아온 시간이고 앞으로 걸어가야 할 거리가 아닐까. 사랑 그리고 그리움 그 뒤에 오는 이별은 우리에게는 날마다 먹는 밥처럼 정겹다. 익숙한 자세로 서 있는 나무들처럼 가까우나 또한 몇억 광년 거리의 행성처럼 멀기도 한 것이 우리의 감정이다. 한 편 한 편 독자들은 자신의 체험으로 다시 재구성해서 읽어보라, '당신'이 살아오면서 체득한 오감이 마음에 가득할 것이다.

> 인디언 어느 부족의 10월은
> '내가 올 때까지 기다리라고 말하는 달'
> 그 기다림은 평생을 갈 수도 있을지 모르기에
> 슬픔의 수틀 위에 환희의 꽃잎으로 수를 놓는 일
> 시월은 너무도 눈부셔서 만남과 이별이 함께 오는 달
>
> 알프레드 테니슨을 위해
> 무려 십사 년을 기다려준 연인
> 에밀리 셀우드의 진주 같은 사랑,
> 온 생애를 바쳐서 기다렸다는 솔베이지
> 세상을 방랑하다 늙고 지쳐서 돌아온 연인을
> 그녀는 지순至純한 사랑으로 받아들였지
> 〈

사랑을 기다려본 사람은 안다

기다림 속에 담겨 있는 슬픔과 애틋함,

고통과 쓰라림까지 다 품어 안는다

그러나 기다림은 또한 아름답고 찬란해서

결국 혼자서 가는 영혼의 뜨거운 길

이별의 미학이 기다림이라면

기다림의 미학은 생에 대한 사랑이거늘

꽃향기로 향수를 빚어내듯이

기다림 속의 지극한 슬픔을 빚어

생은 제 홀로 향기를 피워낸다

- 「내가 올 때까지 기다리라고 말하는 달」 전문

    유한한 존재인 우리의 "시간은 닿을 수 없는 슬픔"에 맞닿아 있다. 죽음을 두려워하지 않기 위해서는 지상에서 마음껏 사랑해야 한다. 인간뿐만 아니라 자연을 지구의 환경을 그리고 한 편의 시를 사랑해야 한다. 그럴 때 진정한 지구인이 될 것이다. 그런 맥락에서 우미자 시인은 이 지상에 펼쳐진 것들을 아끼고 사랑하는 진솔한 시인이다.

3. 열린 마음으로 걷는 여행길에서

사는 것이 고행이라면 긍정의 힘으로 걷자. 어릴 적의 놀이는 언제나 노래와 함께했다. 노래를 부르면 동질감이 생겼고, 어려운 시절을 견딜 수 있었다. 시인은 시를 통해 사물, 식물, 동물들과 교감을 나누는데, 그것은 시인이 자라온 정서가 자연에서 나온 때문이다. 시에 등장한 다양한 자연물들은 그래서 시인의 관심을 그대로 투영한 것들이다. 시인의 자연 서정의 정서는 삶 속에서 많은 부분을 차지하고 있으며 사랑하는 마음과 이별의 아픔 삶의 고됨과 기쁨과 어울리며 긍정의 힘을 갖게 된다. 소리가 발생과 함께 사라지듯 인간의 감정도 끝내 사라질 것이다. 시인은 그것을 새롭게 변형하여 우리의 마음에 흔적을 남긴다. 우미자 시인은 그 사라져가는 뒷모습을 그린다. 아래의 시는 시인의 인생관이 오롯이 담겨 있는 秀作이다. 하나씩 뜯어 읽어보자.

> 그날의 영화는
> 딱 한 장면뿐이었다
> 오래된 스크린은 너무 낡아서

안개 자욱, 거의 흑백영화 수준이었는데
화면 속 주연 배우는 너무도 생생하여
한눈에 알아볼 수 있었다

전후 장면들은 그동안의 이야기를
압축파일로 감아버린 채
30초의 동영상 한 장면 속에서
주인공 뒷모습은 찰나에 사라져 갔다
그날의 영화관 매표소에서 출입구까지의 거리는
먼 먼 삼십 년의 세월이었다

보름달 환하던 가을밤이면
금암동 골목길을 휘적휘적 걸어와
우리 집 담장 밖, 붉은 장미 향기처럼
바람결에 휘파람 소리를 실어 보내던 그
푸르던 그, 백석* 같던 그가

흰머리 성성한 뒷모습을 남긴 채
한순간의 동영상으로 사라져갈 때
내 마음속에 한 장면의 스크린 샷

파일 제목을 '허망함'이라 하겠다

다시 삼십 년의 길고 긴 저장……
연출자인 신께서는
그와 나의 삼십 년 만의 한순간 해후를
영화 속의 영화, 슬픔 속에 새겨진 명장면을
영원한 뒷모습으로 딱 한 장면만 보여주셨다

-「뒷모습」전문

「뒷모습」이란 시편은 고레에다 하루키즈 감독의 '원더풀 라이프'란 영화와 오버랩되기도 한다. 죽은 사람들이 잠시 머무는 림보라는 장소에 도착하면 망자들에게 '영원히 머물고픈 순간이 당신 인생에 있습니까'라는 질문을 하고 그들이 추억을 말하면 그것을 마지막으로 상영해주고 이승을 떠날 수 있게 해주는 줄거리의 영화다. 어찌 보면 生은 우리가 全力을 다해 소화해낸 영화 한 편 아니겠는가. 어쩌면 기억하고 싶은 아름다운 순간들이 있어서 삶이 끝내 돌아봐지는 것이다. 그걸 남기기 위하여 지금 우리는 고뇌하고 한 편의 시를 쓰는 것이다. 그리고 아직 늦지 않은 듯 시인은 화자의 시선이 잔잔하게 길에서 만난 장소

와 사물들을 시적 대상으로 관조하며, 티를 제하고 유리를 닦아내듯 서정으로 삶을 보듬어 내고 있다. 그게 우리가 바라는 길이 아닐까. 이 시집의 표제작인 「얼음꽃 사랑」은 이 시집의 절정이다. 온몸이 높이 올랐다가 떨어지면서 느끼는 사랑과 이별에 대한, 욕망과 희열에 대한 "천지간에 만발한" "눈물의 샘"이다. 이 시는 시인의 체험이 잘 녹아서 새로운 꽃으로 피어난 속 깊은 울음이다. 간절하게 한 행 한 행 읽어보시라.

    몇 겹이라도 흘러야
    속잎까지 투명한 꽃으로 피어날 수 있으랴
    뼈 시린 가지마다 영롱하게 매달린 얼음꽃
    지나온 시간들이 아스라이 묻혀 있네
    한 치의 틈도 없이 얼어버린 눈물의 샘

    만 겹의 바람 노래, 천만 그루 나무들 노래
    마디마디 실핏줄 터지는 쓰라림의 줄기 사이로
    흘러와 섞여서 피어난 환희의 얼음꽃

    산 아래 계곡에서는

제 길 따라 마을로 흘러가는 물줄기들 싱싱하고

오솔길 걷는 연인들의 웃음소리처럼

겨울 동박새 울음소리 숲속으로 흘러가네

여기는 지금 수빙의 상고대

얼음꽃 만발한 순백의 사원

꽃잎들 한 장마다 환한 경구로 피어나

수만 권의 경전經典으로 가득 찬 사원

산봉우리 멀리서

은백의 종소리들 메아리로 울려와

고요히 내 몸 안에 들어와 속삭여주네

사랑은 불꽃 속에

활활 피어난 얼음이라고

천만 구비 고통의 빙점을 넘어야

비로소 꽃이 된다고

눈물도 결빙되면 지상에서

가장 아름다운, 희고 환한 꽃이 되네

천지간에 만발한 얼음꽃 사랑

- 「얼음꽃 사랑」 전문

"내 푸르렀던 생애의 꽃잎들// 붉은 상처로 바람 속에 흩날린다 해도// 아직 지상에 남아 있는 살과 혼// 그 위로 흘러가는 마른 향기는// 깊고 아늑한 어느 골짜기 자작나무숲// 뿌리에까지 차갑게 서럽게 흘러 들어가// 적멸 속으로 한없이 스며들어 가면// 들꽃과 새들에게 남은 날들 나누어주고// 따스한 눈물 되어 긴 세월 적시다가// 만다라 꽃 한 송이로 지고천 어디쯤 다시 피어나리라"(「풍장」) 이 작품이 이 시집 마지막 차례가 된 이유가 있다. 인간은 죽음 앞에서는 경건하다. 바람에 사라져가는 것들은 살아오면서 겪은 사랑이며 그리움이며 이별 후의 상처다. 그것들 다 비워내고 "만다라 꽃 한 송이"로 피어날 것이라는 이 가볍지 않은 사상 앞에서 이 시집의 모든 시편들이 엎드리리라. 그리하여 아직 남은 날들 앞에서 잘 살다가 가야겠다는 다짐을 스스로 엄숙하게 가져보리라. 이 시집을 읽은 독자는 한 번뿐인 삶을 경건하게 받아들일 것이라 믿는다. 그리하여 제 일생의 꽃을 활짝 피웠으면 한다.